DE REPENTE

TERESA DE JESÚS

ALL OF A SUDDEN

TRANSLATION

MARIA A. PROSER ARLENE SCULLY JAMES SCULLY

Poems here have been printed in
LITERATURA CHILENA en el EXILIO
(P. O. Box 3013 Hollywood, CA 90028)

English versions have appeared in
PRAXIS
(P. O. Box 207 Goleta, CA 93017)
THE MINNESOTA REVIEW
(Box 211 Bloomington, IND 47401)
and SARCOPHAGUS
(Storrs, CT 06268)

Indio,

FACE from Estadio CHILE 1974
Clay Fired in New York
— 24x24x6 in.
(61x61x15 cm)

CURBSTONE
PRESS

ISBN 0-915306-14-X
LC 77-15118

321 Jackson Street
Willimantic, CT
06226 U.S.A.

BALDOMERO LILLO

Saliste de las minas con un libro en la mano.
Saliste barriendo el viento hasta hacerlo aullar
hasta que el viento, el aire, la flor, el mirlo,
supieran la verdad sobre el minero.

Barriste el silencio de encima de la vergüenza
sacudiste el polvo dorado del silencio
y mostrando la miseria encogida
la levantaste en tu mano.

Aventaste el silencio y sacaste el dolor
humano, pisoteado y desangrado
porque encima de él pusieron
una tarima y bailaron.

Hay bailes de máscaras cada hora;
los organdíes y los terciopelos
crujen y relucen como anacondas
o como cocodrilos sobre la miseria.

Y tú lo señalaste;
con un libro en la mano saliste
camino de la imprenta
y en cada cuento izaste una bandera.

Todo está allí para llorarlo:
el abuso brutal, la humillación sin nombre,
la indiferencia del duro capataz,
el ronco aullido sin eco del minero,
la angustia soterrada,
la vejez y la muerte a los 15 años.
Todo está en tu libro, Baldomero
para vergüenza de los terciopelos
y para que un día,

BALDOMERO LILLO

You came out of the mines with a book in your hand.
You came out sweeping the wind until it howled,
until the wind the air the flower the blackbird
learned
the truth about the miner.

You swept away
the silence covering up the shame,
shook off the gold dust of silence
and exposed the shriveled misery,
holding it up in your hand.

You aired the silence and brought forth the human
pain, downtrodden and bled dry
because over it they put
a scaffold, and they danced.

With masquerade balls at all hours:
organdies and velvets
rustle and glitter like anacondas
or crocodiles
over the misery.

And you pointed it out
with a book in your hand, came out
by way of the press
and in each story raised a banner.

It's all there crying it out:
the savage abuse, the nameless humiliation,
the indifference of the calloused foreman,
the hoarse, unechoing howl of the miner,
the buried anguish the
old age, and death, at fifteen.

una bandera
se levante y grite.

It's all in your book, Baldomero,
to the shame of the velvets,
and so that one day
a banner
will rise up and shout.

LA PROTESTATARIA

Yo soy la protestataria
que protesta por la vida
que se sacó en lotería.

Comienzo por protestar
porque no escogí la vida
ni fuí su peticionaria.

Continúo protestando
por no haber hecho escogencia
de los mis progenitores.

Porque ni en ponerme el nombre
tuve participación,
ni en la elección de mi sexo.

Yo soy la protestataria
de todos los protestarios
que protestan sin horario.

Después de llegar a la tierra
quise vivir un sinfín
y no viviré cien años.

Mis padres me prometieron
todas las prometencias
que se pueden prometer.

Que escogiera a mis amigos,
mi carrera, el barrio, mi casa
y libros para librear.

Mis amigos los hallé
entre el reducido grupo
de seres que contacté.

16

THE PROTESTER

I am the protester
who protests the life
drawn in the lottery.

I began by protesting
because I didn't choose life
nor did I petition it.

I keep on protesting
for not having had
my choice of ancestors.

Because I had no part
neither in naming myself
nor choosing my sex.

I am the protester
of all protesters
who protest without a timetable.

After arriving on earth
I wanted to live forever
and I won't live a hundred years.

My parents promised me
all the promises
one can promise:

that I could choose my friends,
my career, my neighborhood, my house,
and books by the pound.

My friends I found
among the dwindled group
of beings I met up with.

El barrio no lo escogí:
él me ha escogido a mí
empleando la legislatura.

La legislatura vale
desde un castillo a un ají:
¿cuánta plata tiene usté?

Protesto por los oficios
que uno agarra sin demora
antes que pase su hora.

Yo quise ser aviadora,
monja, santa, exploradora,
y llegué a ser profesora.

Con esta libre elección
yo no elijo ni un trapillo:
todo se me da elegido.

Los libros los elegí
igual que mis amistades:
dentro de los conocidos.

Dentro de lo que yo
soy capaz de comprender,
dentro de lo que se ha escrito.

Yo soy la protestataria
de todas las prostitutas
que no eligieron ser putas.

Protesto porque hay pro-mesas
mientras los pobres no tienen
ni una mal pro-vista mesa.

I didn't choose my neighborhood:
gerrymandering the legislature
my neighborhood chose me.

The legislature is worth somewhere
between a castle and a chili pepper:
how much cash have you got?

I protest the jobs
one grabs right off
before one's time is up.

I wanted to be a pilot,
a nun, a saint, an explorer,
and ended up a teacher.

With this free choice
I don't select even a single rag:
everything comes to me already picked out.

The books I chose
the same as my friends:
from among those already known,

from within what I
am able to understand
of that which has been written.

I am the protester
for all the prostitutes
who did not choose to be whores.

I protest because there are promises
while the poor haven't even
a poorly provisioned table.

Yo presumo que hace rato
que yo no soy la primera
protestataria que existe

y que desde la prehistoria
protestan protestatarias
por principiar la protesta,

por protestar, por principio,
por no prudencia,
por probar su independencia.

Por usar ese precioso
derecho de pataleo
que nunca sirvió gran cosa

pero que es preciso exista
para que la gente crea
que hay derecho a pataleo.

I presume that for some time now
I'm not the first
protester in existence,

and that since prehistory
protesters protest
to initiate protest,

to protest, on principle,
not on grounds of prudence,
to test their independence,

to use this precious
right to kick
which never amounted to much

but which must be kept up
so that people believe
one has the right to kick.

VIOLETA PARRA

Te atreviste, Violeta, uva y rocío,
a decir tu poesía humilde
por los caminos del viento.

Otros no se atrevieron y le hurtaron
el bulto a la expresión popular
y a la palabra del pueblo.

Tú no lustraste ningún verso
tú fuiste pura canción y poesía
estando en la chingana o estando en Europa.

Pura belleza, Violeta, hasta tu nombre
fue azul y sencillo
para llamarte y para nombrarte
aún después de muerta.

VIOLETA PARRA

You dared, Violeta, grape and dewdrop,
to say your humble poetry
along the highways of the wind.

Others did not dare, they stole away from
the groundswell of common speech
and the word of the people.

You didn't polish a single line,
you were pure song and poetry
whether at the local bar, or in Europe.

Pure beauty, Violeta, even your name
was blue and natural
so as to call you, name you
even after death.

'POR UN CAMINO DE DIAS'

Por un camino de días
viajo a destino seguro.
Por un camino de horas.

Viajo y no me detengo
aunque me muerda el cansancio,
aunque la sed me devore.

Siempre adelante voy
en medio de la tormenta
yo no conozco estación.

Viajo de sol a sol
y de lucero a lucero
sin saber el paradero.

Puedo cambiar de vagón;
puedo sentarme si logro
un banquillo o un sillón.

Puedo mirar hacia afuera
puedo cambiar el paisaje
puedo apurar mi carruaje.

Puedo sembrar el camino
y dejar detrás de mí
un sombreado sendero.

Puedo talar cuanto encuentre
y dejar detrás de mí
abrasadores desiertos.

A veces logro un buen sitio,
un vaso de agua, un sombrero,
un par de anteojos oscuros.

'ON A ROAD OF DAYS'

On a road of days
I travel to a certain destination.
On a road of hours.

I travel, and don't stop over
although I'm dead tired,
although consumed by thirst.

Always I keep going on
in the middle of the storm.
I don't know the season, the station.

I travel from sun to sun
and morning star to morning star
not knowing where the stop is.

I may switch cars,
I may sit if I get
a bench, or soft reclining seat.

I may look out
I may change the landscape
I may speed-up my vehicle.

I may seed the way
and leave behind me
a shaded path.

I may cut down all I find
and leave behind me
burning deserts.

Sometimes I get a good spot,
a glass of water, a hat,
a pair of dark glasses.

A veces se acaba el riel
y debo tomar el tren
y trasladarlo yo a él.

Por tramos toco guitarra,
bebo, bailo, amo y creo
que estoy viviendo la vida.

Por tramos pongo mis miembros
bajo las ruedas y creo
que estoy muriendo mi muerte.

Mi tren no tiene estaciones
pero tiene un paradero
donde me están esperando.

Si me acuerdo, si me olvido,
si me espanto o me rebelo,
allí tengo que bajarme.

Por un camino de horas
me acerco cada segundo
a mi seguro destino.

Sometimes the tracks run out
and I must take the train
and switch it myself.

On stretches of road I play the guitar,
I drink, dance, love and believe
I'm living life.

On stretches of road I put my limbs
under the wheels, and I believe
I'm dying my death.

My train has no stations
but does have a stop, where
they're waiting for me.

If I remember, if I forget,
if I'm terrified or I rebel,
right there I have to get off.

On a road of hours
each second I near
my destiny for sure.

SEMANITAS

Lo malo del domingo
es que después es lunes;
lo peor del lunes
es que es un día largo;
el martes es terrible
porque es un día aciago;
el miércoles lo odio
porque es igual a todos;
pero el que más detesto
es este día jueves
tan modoso, tan pulcro,
tan no comprometido;
el viernes no lo incluyo
pues no parece día
entregándose al sábado
con gran coquetería;
y el sábado es un monstruo
que se cae a pedazos
en las tiendas,
la feria,
las viejas empanadas
con su tarde tan corta
y su noche tan larga . . .

LITTLE WEEKS

The bad thing about Sunday
is that after is Monday;
the worst of Monday
is it's a long day;
Tuesday is awful
because it's a luckless day;
Wednesday I hate
because it's like all the others,
but what I detest most
is this day Thursday
so circumspect, so tidy,
so uncompromised;
Friday I don't include
since it doesn't seem like a day,
giving itself to Saturday
with such coquetry;
and Saturday is a monster
that falls all to pieces
in the stores,
the market,
the stale turnovers,
with its afternoon so short
and its night so long . . .

DE REPENTE

¿Qué les pasa a las calles traga-gentes
de repente?
Calles antropófagas se han vuelto
de repente
estas vulgares, rectas calles
afeitadas cada hora
con la crema azul del smog de cada día.
De repente
son calles espadachines de la muerte,
largos caminos directos a las celdas;
nadie sabe si sabe su destino.
De repente
sólo la calle sabe
cuantos guardias aguardan en la esquina,
cuantos policías disfrazados
acechan al que sale de su casa.
De repente
se han vuelto cómplices del crimen.
De repente
se han hecho espías y asesinas.
De repente
se comen a la gente con zapatos,
con portadocumentos,
con la fotografía de la novia;
todo desaparece en la garganta
de este nuevo verdugo.
De repente,
estas mismas calles que pasean
a mamás con bebés,
a dulces
mujeres embarazadas,
estan tejiendo redes traicioneras
y apostando un agente en cada esquina.
De repente

ALL OF A SUDDEN

What is it with these people-swallowing streets
all of a sudden?
They've become cannibal streets
all of a sudden
these straight, commonplace streets
groomed every hour
with the blue cream of an everyday smog.
All of a sudden
the streets at either hand are goons of death,
long ways direct to jail cells.
No one knows if he knows his destination
is his destiny.
All of a sudden
only the street knows
how many guards wait at the corner,
how many policemen in disguise
watch for the one who leaves his house.
All of a sudden
they've become accomplices in crime.
All of a sudden
they've become spies and assassins.
All of a sudden
they eat people with shoes
with i.d. cards
with a snapshot of the sweetheart,
it all disappears down the throat
of this new executioner.
All of a sudden
these same streets, strolling with
mothers with babies,
sweet
pregnant women—
are knitting treacherous webs
and posting an agent at each corner.

estas calles urbanas,
cotidianas,
se ponen a aullar
y de la niebla
surgen las gargantas de los lobos.
De repente
un certero golpe solapado
y se tragan al muchacho,
a la muchacha,
por 15 días,
        por un mes,
                por siempre.

All of a sudden
these urbane streets,
everyday-like,
start howling
and from the fog
the throats of wolves come out.
All of a sudden
a sly perfect coup
and they swallow the boy,
the girl,
for 15 days,
        for a month,
                for ever

CANTARES

¡Ay! palomas tristes
¡Ay! palomas
el cielo conocieron
las alas infatigables
ya no es cielo
porque lo rompen a diario
fusiles y fusilazos
y lo han llenado de hoyos
y de espanto.

BALLADS

Ay! sad doves
Ay! doves
the sky the tireless
wings knew
is no longer sky
because daily guns and gunshots
tear through
and they've filled it with holes
filled with terror

'AQUI MURIERON LAS ROSAS'

Aquí murieron las rosas
una mañana;
se ahogaron en su color
y en tanta lágrima.
Fue un luto-duelo-dolor
largo y amargo.
Fue un grito de espina y hoja
y un incendio de color.
Fue un numeroso asesino
que mutiló mi jardín
y las rosas se murieron
tronchadas por un fusil.

'HERE THE ROSES DIED'

Here the roses died
one morning,
drowned in their color
and in so many tears.
It was a mourning grieving pain
long and bitter.
It was a scream of thorn and leaf
a bonfire of color.
It was a horde of murderers
mutilated my garden
and the roses died
blasted by gunfire

'HE BUSCADO CON AHINCO'

He buscado con ahinco,
con claro anhelo,
con fervor de apóstol,
con porfía, las rosas;
sólo rosas quiero
y las rosas, amor, ¿dónde las rosas?

Una noche las ví cuando moría
sin decir más que su proprio nombre
uno a quien le exigían otros nombres
y la picana eléctrica y el odio,
y el horrible calor, y la agonía.

De repente,
entre
los excrementos
y los vómitos
y el dolor del hombre
y las lágrimas
rotas en el suelo
de repente . . .
FLORECIERON LAS ROSAS.

'ARDENTLY I'VE SOUGHT'

Ardently I've sought—
with clear longing, with
the fervor of an apostle,
stubborn — the roses;
roses alone I want
and the roses, love, where are the roses?

One night I saw them, when he died
telling no more than his own name:
one of whom they demanded other names
and electric shock and hatred,
and horrible heat, and agony.

Suddenly
among
the excrement
the vomit
the pain of the man
the tears
spattered on the floor
suddenly . . .
THE ROSES BLOOMED

VICTOR JARA

Chincol de los cerros azules
mirlo renegro
alondra de garganta fina
ola triste que acaricia y se recoge
viento, ventolera, huracán,
charco dormido en los brazos de la luna
te cortaron una mano para que nunca más sonara
                              tu guitarra
y como tu voz seguiría haciendo
vibrar las montañas y morir la niebla
de un pistoletazo te mataron para silenciarte.
No sabían que seguirías cantando en las estrellas
y que cada obrera que camina
bajo la lluvia o bajo el sol de enero
cantaría tu nombre, Víctor Jara.

VICTOR JARA

Chincol of the blue hills
pitch black blackbird
lark of graceful throat
sad wave that caresses and draws back
wind, gust of wind, hurricane,
pool asleep in the arms of the moon
they cut your hand so your guitar
                              would sound no more,
and as your voice would go on making
the mountains shake and the fog die away
with a gunshot they killed to silence you.
They didn't know you'd go on singing in the stars,
that each worker who walks
in the rain or under the January sun
would sing your name, Víctor Jara.

'DEJA QUE TE CANTE, MADRE'

Deja que te cante, madre,
con mi guitarra de sombras
que mi guitarra de sol
se inundó de sangre hermana.

Este cantar no es de uvas
ni de rezumo de uvas,
ni de azucenas rosadas
ni de aromas de azucenas.

Este cantar es de lágrimas,
es de dolor, es de fuego,
es un cantar aullido,
es un aullido terrible
porque, madre, entre las manos
tengo el corazón del pueblo.

Tengo el corazón hermano
palpitando entre las cuerdas
y tanto llanto dormido
en tu cintura, guitarra.

'LET ME SING TO YOU, MOTHER'

Let me sing to you, mother,
with my guitar of shadows,
that my guitar of sun
drown in sister blood.

This singing isn't of grapes
or the lees of grapes,
not of pink lilies
nor the scent of lilies.

This singing is of tears
of pain of fire
a singing howled
a horrible howl
because, mother, between my hands
I hold the heart of the people.

I hold the brother heart
throbbing among the chords,
and so much sobbing
          asleep
in your waist, guitar.

'¿DONDE, MUCHACHA, DEJASTE TU CORAZON?'

— ¿Dónde, muchacha, dejaste
  tu corazón?
— Lo dejé en la muralla
  donde cayó mi amor
— ¿Dónde, niña, pusiste
  tu risa y tu color?
— Lo dejé entre las balas
  que lo mataron en flor.
— ¿Dónde, hija mía, dejaste
  la alegria de vivir?
— La dejé, madre, en las heridas
  que besé antes de partir
— ¿Dónde, niña, lo pusiste
  para que fuera a dormir?
— Lo puse entre cardenales
  que enrojecerán aún más
  porque sus catorce heridas
  ya florecidas están
— ¿Dónde, hija, está tu pena,
  dónde tus lágrimas vivas?
— Están, madre, como sangre
  dentro de mi corazón.
  En mis manos no me queda
  ya ni dolor ni calor;
  me queda un fusil al viento
  y voluntad de matar.

'WHERE, GIRL, DID YOU LEAVE YOUR HEART?'

— Where, girl, did you leave
your heart?
— I left it by the wall
where my love is fallen.
— Where, child, did you put
your laughter, and your color?
— I left it among the shots
that killed it in full flower.
— Where, my daughter, did you leave
the joy of living?
— I left it, mother, in the wounds
I kissed before parting.
— Where, child, did you set it
that it might go to sleep?
— I set it among cardinals
that will blush even more,
for their fourteen wounds
are already in full bloom.
— Where, daughter, is your grief,
where your quick tears?
— Like blood, mother,
they're in my heart.
My hands hold neither
pain nor warmth;
what remains
is a gun in the wind
and the will
to kill

COSAS QUE SUCEDEN

Oigo, miro y palpo con imprecisos dedos
esta hora que vivo
de boca sobre la vida.

Oigo un árbol caer sobre el rocío
él y sus nidos,
tronchándose las ramas;
oigo el crepitar de piras medievales
y el grito subterráneo del herido;
oigo la locura y el horror
susurrando apenas
o tal vez
desgarrándose en paredes acolchadas.

Miro una paloma con el cuello roto,
las aguas del río tinto a sangre.

Abro mi ventana y del árbol penden
dulces madreselvas que murieron anoche.

THINGS THAT HAPPEN

I hear, see, feel with unsure fingers
this hour I am living,
mouth upon life.

I hear a tree falling in the dew,
it, and its nests,
its branches splintering;
I hear the crackling of medieval pyres
and the scream of the wounded, underground;
I hear the madness and the horror
barely whispering
or perhaps
clawing themselves on padded walls.

I see a dove with its neck wrung,
the river waters dark with blood.

I open my window, and from the tree there hangs
sweet honeysuckle that died last night.

'YO LO TUVE TODO O CASI TODO'

Yo lo tuve todo o casi todo:
hasta la hartura en mi mesa
y en mi vestido fino;
en el aire vastamente respirado
y en mi cerveza espumante
y bulliciosa.
Tuve las largas charlas
con los amigos después del cine;
y hasta un racimo de uvas
olorosas a luna.
Yo lo tuve todo:
hasta la libertad cuando miraba,
cuando hablaba,
cuando caminaba calles bulliciosas,
cuando comía mi ensalada de apio.

Todo lo arrasaste esa mañana
monstruo prehistórico.
Todo lo sumiste en el silencio
y en la muerte.
Ya me cuesta el pan,
ya no estoy vestido,
ya no me embriago de otoño
en ningún parque.
Ya no bebo:
me trago la cerveza,
me inundo de burbujas,
me emborracho en una frenética carrera
hacia una espejística salida.
Ya no converso de nada:
oigo con desconfianza las palabras
de mi íntimo amigo
y las uvas no son lunas ni uvas
son balas asesinas.

'I HAD EVERYTHING OR ALMOST EVERYTHING'

I had everything or almost everything:
down to
the superabundance on my table
and of my fine clothes,
in the deep breaths of air
and in my foaming
boisterous beer.
I had long chats
with friends after the movies,
and even a bunch of moon-
fragrant grapes.
I had everything:
even freedom when I looked,
when I spoke,
when I walked the noisy streets,
when I ate my celery salad.

That morning you levelled everything,
prehistoric beast.
You sunk it all in silence
and death.
Now, bread costs me,
now, I have no clothing,
now, I don't get drunk on autumn
in any park.
Now I don't drink:
I gulp down the beer,
I flood myself with bubbles,
I get drunk in a mad dash
towards the mirage of a way out.
Now I don't talk about anything:
I listen, with suspicion, to the words
of my best friend,
and the grapes are not moons nor grapes

¡Cómo aplastaste mi libertad,
escarabajo,
y la amordazaste con su propia trenza!

they're murderous bullets.
How you crushed my freedom,
dung beetle,
and gagged it with your own pigtail!

'NOCHE. DIA.'

Noche.
Día.
Noche.
Día.
Noche.
Las horas
son un río;
un hilo vertiginoso;
un caballo triste.
Abro los ojos;
cierro los ojos.
 ¡Qué párpados tan tristes!
Palpo un hoyo en el suelo;
no tengo que mirarlo
 ¡hay tanto hedor!
mido mi lugar;
mido mi presente
en una zancada larga:
un metro; acaso un poco más.
Me siento.
Noche.
Día.
Mi libertad no la mido:
no me cabe en las manos.
Mi corazón se ensancha como un fruto.
Mi corazón se mide en las estrellas.
No se encoge en la celda del tirano
ni se mide en la palma de su mano.

'NIGHT. DAY.'

Night.
Day.
Night.
Day.
Night.
The hours
are a river,
a dizzying thread,
a sad horse.
I open my eyes,
I close my eyes.
What eyelids, so sad!
I grope a hole in the ground,
I don't have to look at it
there's such a stink!
I take stock of my place,
I measure out my present
in one long stride:
a meter, perhaps a little more.
I feel.
Night.
Day.
My freedom, I don't measure,
it doesn't fit into my hands.
My heart expands like fruit.
My heart sizes itself up
among the stars,
it doesn't shrink
in the tyrant's jail cell
nor weigh itself in the palm of his hand.

GENERAL AUGUSTO PINOCHET UGARTE

El se llamaba Augusto.
El pequeño niño de los ojos asombrados
el niño de las manos ávidas
se llamaba Augusto.
Y así lo llamarían en el viento
su niñera, su madre y sus hermanos.
Así lo llamaría Alicia
desde su pais de maravillas.
Y las amapolas y el aromo
también lo llamarían
como llaman a los niños por sus nombres
las flores todavía.

'Augusto, no te pierdas en el monte
'Augusto, desciende de ese árbol
'Augusto no llamas a los perros
'Augusto, duérmete tranquilo.
'Augusto, no tengas pesadillas
'Augusto yo te amo y te protejo.
'Augusto, no sudes de terrores
'Augusto, descansa niño mío'.

Y el niño fue creciendo dulcemente
como crecen los niños todavía.

En la redondez azul de una bolita
se fue rodando su mirada.
En la cuerda del trompo tembloroso
estallaron sus cinco dedos hábiles
y en un volantín aprisionado
se destrozó un corazón de niño.
¡Ay, flor azul que se quedó prendida
y que ya nunca más regresaría!

GENERAL AUGUSTO PINOCHET

He was called Augusto.
The tiny, wide-eyed child
the child with the grasping hands
was called Augusto.
And so, in the wind, they would call him—
his nurse, his mother, his brothers and sisters.
So would Alice call him
from her wonderland.
And the poppies and the myrrh tree
also would call to him
the way flowers still call children
by their names.

'Augusto, don't get lost in the woods
'Augusto, come down from that tree
'Augusto, don't call after the dogs
'Augusto, sleep well.
'Augusto, don't have bad dreams
'Augusto I love you, I watch over you.
'Augusto, don't sweat with terror
'Augusto my child, rest.'

And the child was growing up, sweetly
as children grow up still.

In the blue round of a marble
his look went rolling.
On the string of the trembling top
his five quick fingers
flared—
and caged in a kite
a child's heart was torn to shreds.
Ay! blue flower that got caught
and would never again get back!

Una paloma despertó en su pecho
y aleteó dulcemente;
un millar de palomas contestaba
en el amanecer de su garganta.
Augusto halló las mieles sin buscarlas
en el embriagado primer beso
y se perdió en amor como se pierden
en amor los hombres todavía.

Pasó la aturdida adolescencia
rodando de aire en aire
y anudando las mañanas con las tardes
pasó la juventud
ya no lo llamaban por su nombre
las flores florecidas
ahora lo llamaba por su grado
un grado más.

'Augusto no te turbe el pensamiento
'Augusto prepárate a ascender
'Augusto no temas a la gente
'Augusto con tanques es mejor
'Augusto tú tienes la fuerza
'Augusto tómate el poder'.

Y se convirtió en un asesino
el niño dulce aquel
se hizo tirano, se hizo dictador
el niño dulce aquel.

Ya no pudo dormir un sueño blando
ya nunca pudo morder una manzana
que no oliera a sangre y no gustara a muerto;
los cielos que miraba eran un ancho
vientre quemado y lacerado
que estallaba en heridas de granada
con cada pestañada.

A dove awakened in his breast
and fluttered sweetly,
a thousand doves responded
in the dawn
of his throat.
Augusto found honey without looking for it
in the drunken first kiss,
and got lost in love as men still
are lost in love.

Giddy adolescence went on by
wandering air to air,
and knotting the mornings up with the evenings
youth passed—
the fullblown flowers no longer
called him by his name,
now they addressed him by his rank,
one rank higher.

'Augusto have no qualms
'Augusto get ready to move up
'Augusto don't fear the people
'Augusto with tanks it's better
'Augusto you have the strength
'Augusto take power'

And he became an assassin,
that same sweet child
became a tyrant, made himself dictator,
that same sweet child.

No longer could he sleep a downy dream,
no longer bite into an apple
that did not smell of blood, nor taste of death;
the skies he looked at were a vast
burnt

Cuando engendró, nacieron cementerios;
cuando caminó se untó los pantalones
de lágrimas y sangre;
cuando escuchó, oyó un millón de voces
en un gemido largo
y un crugir de huesos rasgó las sepulturas.

Su sillón de mando, su cama, su uniforme,
todo tenía olor a quemadura;
sus botas caminaban en la noche
sobre huesos que lloraban al quebrarse
y sus manos saladas se crispaban
enhebrando pesadillas en sus ojos.

Ya nunca más pudo dormir como duermen
los hombres todavía.

Coronado de hígados calientes,
condecorado con dedos desgarrados,
pasa el general día tras día
en automovil veloz y bocineante
con tres mil muertos a la espalda
y cinco mil torturados a su lado.

mangled belly
grenades burst apart, at each
blink of the eyelash.

When he procreated, graveyards came into the world;
when he walked, his trousers were greased
with tears and blood;
when he listened, he heard a million voices
a long moan
and crackling bones clawed the graves apart.

The chair he commands from, his bed, his uniform,
all had a burnt odor;
his boots walked through the night
on bones that cried as they broke
and his salty hands twitched
threading nightmares in his eyes.

Never again could he sleep
as men sleep still.

Crowned by hot livers,
bemedalled with wrencht fingers,
the general goes by, day after day
in a speeding, honking sedan
with three thousand dead at his back
and five thousand tortured by his side.

1) Otra cosa es con metralla
2) En boca cerrada no entran balas
3) En casa del obrero cuchillo y bala
4) No ver, no oir, no hablar
5) La momia aunque se vista de obrera momia se queda
6) Cuando el momio suena, mierda lleva
7) Una mano delata la otra y las dos delatan la cara
8) Uno solo bien se calla, pero dos se callan mejor
9) Camarón que se duerme se lo llevan a Tres Alamos
10) Más vale un avión en el suelo que cien volando
11) Cría soldados y te matarán los hijos
12) Cuando una celda se cierra doscientas se abren
13) Por la boca muere usted
14) A Mercedes regalado no se le mira el diente

Nota   momio: gente de derecha
        Tres Alamos: una prisión
        Mercedes: Mercedes Benz, muy de moda actualmente
              entre los altos grados de las FF. AA.

1) It's altogether something else with shrapnel
2) In closed mouth no bullets enter
3) In the house of the worker: knife & bullet
4) See not, hear not, speak not
5) The mummy, though dressed as a worker, is a mummy still
6) When the mummy sounds off, the shit carries
7) One hand betrays the other & both betray the face
8) One alone shuts up well, but two shut up better
9) The undercover agent who falls asleep gets carried off to Tres Alamos
10) Better one airplane on the ground than a hundred flying
11) Breed soldiers & they'll kill your sons
12) When one cell is shut, two hundred open up
13) By your mouth you die
14) Don't look a gift Mercedes in the teeth

Note   mummy: rightist
        Tres Alamos: a prison
        Mercedes: Mercedes Benz, presently very fashionable
                among the upper echelons of the Armed
                Forces

1)   Otra cosa es con guitarra
2)   En boca cerrada no entran moscas
3)   En casa del herrero cuchillo de palo
4)   No ver, no oir, no hablar
5)   La mona aunque se vista de seda, mona se queda
6)   Cuando el río suena, piedras lleva
7)   Una mano lava la otra y las dos lavan la cara
8)   Buey solo bien se lame, pero dos se lamen mejor
9)   Camarón que se duerme, se lo lleva la corriente
10) Más vale un pájaro en la mano que cien volando
11) Cría cuervos y te sacarán los ojos
12) Cuando una puerta se cierra doscientas se abren
13) Por la boca muere el pez
14) A caballo regalado no se le mira el diente

The original proverbs
1) *With guitar, it's another matter*
2) *In closed mouth no flies enter*
3) *In the house of the blacksmith, a wooden knife*
4) *See not, hear not, speak not*
5) *The monkey, though dressed in silk, is a monkey still*
6) *When the river resounds, it carries stones*
7) *One hand washes the other & both wash the face*
8) *One ox licks itself well, but two lick themselves better*
9) *The shrimp that falls asleep gets carried away by the current*
10) *Better one bird in the hand than a hundred flying*
11) *Breed crows & they'll peck out your eyes*
12) *When one door is shut, two hundred are opened up*
13) *By its mouth the fish dies*
14) *Don't look a gift horse in the teeth*

¡ME DA UNA RABIA!

Cuando encuentro un niño triste
sucio, flaco
¡me da una rabia!

Cuando veo la comida
arrojada en la basura
y un pobre hurgando por si algo
no se pudre todavía
¡me da una rabia!

Cuando una mujer sin dientes,
curvada y vieja me dice
que tiene veintiséis años
¡me da una rabia!

Cuando un viejecito duerme
junto a su última esquina
¡me da una rabia!

Cuando los pobres esperan
que el rico se desocupe
para pedirle el salario
de la semana pasada
¡me da una rabia!

IT MAKES ME FURIOUS!

When I come upon a child
sad, dirty, skinny
it makes me furious!

When I see food
tossed into the garbage
and a poor man poking around in case
it isn't rotten yet
it makes me furious!

When a toothless woman
hunched and old tells me
she's 26
it makes me furious!

When a little old man sleeps
by his final corner
it makes me furious!

When the poor wait
for the rich man to finish his business
to ask him
for last week's salary
it makes me furious!

CUENTO PARA UN NIÑO DE 5 AÑOS

— Un medio litro de leche
   era el derecho
   que todo niño de Chile
   tenía cuando nacía.

— Cuenta, mamita, cuenta.

— Eran otros tiempos, hijo,
   cuando sobraba el pancito,
   cuando a la mesa del pobre
   llegaba el pollo y la fruta
   cuando el papá trabajaba
   por la semana corrida.

— Cuenta, mamita, cuenta.

— Valía ser un obrero,
   valía ser un minero,
   porque valía el trabajo
   y porque valía el hombre.

— Cuenta, mamita, cuenta.

— Ustedes iban al kinder
   con zapatitos y todo.
   Y en la noche al acostarse
   un plato de sopa había
   y un jarro de leche tibia.

— ¡ay! cuenta, mamita, cuenta.

— Lo que pasó, ya pasó.
   El presidente que había
   murió en su puesto de mando

STORY FOR A FIVE YEAR OLD

— A quart of milk
  used to be
  the birthright
  of every Chilean child.

— Tell me, mama, tell me.

— Those were other times, child,
  when there was bread left over,
  when chicken and fruit appeared
  on the poor man's table,
  when the papa worked
  all week long.

— Tell me, mama, tell me.

— It was good being a worker,
  it was good being a miner,
  because the work was worth something,
  because the man was worth something.

— Tell me, mama, tell me.

— You would go to kindergarten
  with shoes and everything.
  And in the evening at bedtime
  there was a bowl of soup,
  a pitcher of warm milk.

— Ay! tell me, mama, tell me.

— What happened, has happened.
  The president we had
  died at his command post,

porque así debía ser.
Los demás se fueron yendo,
las fábricas fueron cerrando,
el trabajo fue acabándose
y el hambre fue acomodándose.

— No cuentes, mamá, no cuentes.

— Tómense el agua caliente
y vayan luego a acostarse
a esperar allá la noche
antes que llegue la muerte.

for that's how it had to be.
The others started leaving,
the factories were closing,
work was running out
and hunger
setting in.

— Don't say it, mama, don't say it.

— Have some hot water
and then go to bed:
to wait there, for the night,
before death comes.

DESCONFIANZA

Ayer quisiste conversar conmigo
boquita pintada:
me hablaste de la cesantía
y de la vida cara.

Yo te miré a los ojos,
abrí la boca,
y no dije nada.

Hoy quieres conversar conmigo
boquita pintada:
hablas de la falta de noticias
y dices que tienes mucho miedo
de hablar demasiado.

Yo te miro a los ojos,
abro la boca,
y no digo nada.

Mañana querrás conversar conmigo
boquita pintada:
hablarás de tantos prisioneros
y de tantas torturas que se ignoran.

Yo te miraré a los ojos,
abriré la boca,
y no diré nada.

MISTRUST

Yesterday you wanted to talk with me
painted little mouth:
you talked about the firings, the layoffs
and the high cost of living.

I looked you in the eye,
I opened my mouth,
and I said nothing.

Today you want to talk with me
painted little mouth:
you go on about the lack of news
and say you're so afraid
of talking too much.

I look you in the eye,
I open my mouth,
and I don't say a thing.

Tomorrow you'll want to talk with me
painted little mouth:
you'll speak of so many prisoners
and so much torture no one knows about.

I'll look you in the eye,
I'll open my mouth,
and I won't say anything.

TOQUE DE QUEDA

Es el corazón de la noche
herido de silencio.
Los árboles se quedaron solos
con las mariposas nocturnas.
La luna suele asomarse
y llora por los árboles.
Pero también las casas
están embetunadas de silencio.
La luna llora a veces
por las casas apagadas.
Un automóvil pasa
apartando el silencio;
es la ronda nocturna
hambrienta de víctimas.
La piedra del sacrificio está tendida
silenciosa en la noche silenciosa.
El dios bárbaro quiere corazones
en la infinita noche.
Los carros policiales buscan
a la gente.
Se detiene el ruido,
golpean a la puerta.
Un hombre sale en pijama,
ya lo vieron irse.
Iba entero como cuando nació.
Su voz temblaba un poco.
El silencio, el silencio.
Todo lo tapa el silencio.
Los parientes hacen diligencias
silenciosamente.
Han llorado sobre la mesa
y no han gritado.
Los niños no lo comentan
en sus juegos.

CURFEW

It is the heart of the night
wounded by silence.
The trees were left alone
with the butterflies of night.
The moon, at times, peeps through
and weeps among the trees.
But the houses too
are blackened by silence.
The moon cries sometimes
by the darkened houses.
A car goes by
parting the silence,
it's the night patrol
starved for victims.
The sacrificial stone is laid out
quietly in the silent night.
The barbarian god wants
hearts
in the infinite night.
Police cars search out
people.
The noise stops,
they knock at the door.
A man in pajamas comes out,
yes, they saw him go away.
He was whole and sound
as when he was born.
His voice trembled a little.
The silence. The silence.
The silence covers everything.
The relatives make inquiries
quietly.
They have cried on the table
and they have not screamed.

Aprendieron el nuevo juego
que es callarse.
Los vecinos no lo comentan
correctamente.
Los amigos se alejan
discretamente.
Hay un nuevo juego, señores:
guardar el silencio.

La luna nueva solloza
sobre los hombres.

The children at their games
don't mention it.
They've learnt the new game
which is, to hush.
The neighbors don't mention it,
correctly.
Friends draw back
discreetly.
There is a new game, sirs:
to keep silence.

The new moon sobs
over all of them.

POBLACION

Se acaba el azúcar,
se acaba el arroz;
nos cortan el agua,
el gas y la luz . . .
(Dios está muy lejos,
no puede ayudar)
¿qué haremos mañana
con hambre y sin pan?
¿qué haremos mañana
sin ir a estudiar?
¿qué haremos mañana
para trabajar?
Se acaba el trabajo
y la universidad,
se acaba el camino,
la leche y el té.
(Pasado mañana
ya no existe más).

WORKING CLASS DISTRICT

The sugar's almost gone,
the rice is almost gone,
they cut off the water,
the gas, the light . . .
(God is far away,
he cannot help)
what will we do tomorrow
with hunger, without bread?
what will we do tomorrow
not going to school?
what will we do tomorrow
for work?
It's coming to an end — the work
and the university —
the road is running out
and the milk, and the tea.
(The day after tomorrow
no longer exists.)

COPLAS

En las algodoneras
se va la vida del rico
como por un tobogán
hacia París.

Detrás del rico va
su cuenta en dólares;
sus hijos a estudiar
a las Europas.

Con el rico también
va su mujer
a gastar su fortuna
en Christian Dior.

En las algodoneras
quedan los pobres
estrujando su sangre
de sol a sol.

En las algodoneras
es barata la espalda;
son baratos los brazos;
es gratuito el dolor.

Dios se viste de seda
Dios no sabe que existe
en las algodoneras
tanto hijo triste.

POPULAR SONG

In the cotton fields
the life of the rich goes by
as on a toboggan ride
toward Paris.

Behind the rich man goes
his bank account in dollars,
his children to study
the Europes.

With the rich man also
his wife goes,
to spend his fortune
on Christian Dior.

In the cotton fields
the poor are left,
wringing their blood
from sun to sun.

In the cotton fields
backs are cheap,
arms are cheap,
pain is free.

God is dressed in silk.
God doesn't know, that in
the cotton fields exist
so many sad children.

TOQUE DE QUEDA

Tam-tam
Nadie se mueva
Toque de queda.

Tam-tam
Cierren los ojos
Toque de queda.

Tam-tam
Un camión pasa
Toque de queda.

Tam-tam
Lleva los muertos
Toque de queda

Tam-tam
¿Cómo se llaman?
Toque de queda.

Tam-tam
Nunca se sabe
Toque de queda.

Tam-tam
No tengo padre
Toque de queda.

Tam-tam
Ni yo marido
Toque de queda.

Tam-tam
Nadie lo diga
Toque de queda.

Tam-tam
Sólo el silencio
Toque de queda.

TAPS *(curfew)*

Tom-tom
No one moves
Taps (curfew)

Tom-tom
Eyes close
Taps (curfew)

Tom-tom
A truck goes by
Taps (curfew)

Tom-tom
It hauls the dead
Taps (curfew)

Tom-tom
What are their names?
Taps (curfew)

Tom-tom
One never knows
Taps (curfew)

Tom-tom
I have no father
Taps (curfew)

Tom-tom
Nor I a husband
Taps (curfew)

Tom-tom
No one say it
Taps (curfew)

Tom-tom
Only the silence
Taps (curfew)

PORQUE DICEN EN EL PUEBLO

La puerta de mi casa
la cierro con aldabón
para que no entre el viento
y para que no entres vos.
Porque dicen en el pueblo
que eres soplón.

Las persianas de mis ojos
las sello con alquitrán
para no verte la cara
dura como un guayacán.
Porque dicen en el pueblo
que eres soplón.

El pozo azul de mi boca
lo ciego sin compasión
para que ni una palabra
me retrate frente a vos.
Porque dicen en el pueblo
que eres soplón.

BECAUSE IN TOWN THEY SAY

The door of my house
I bolt shut
so the wind won't come in
and so you won't come in.
Because they say in town
you're a stoolpigeon.

The blinds of my eyes
I seal with tar
so not to see your face
hard as a guayacan.
Because in town they say
you're a stoolpigeon.

The blue well of my mouth
I choke up without pity
so not a single word
reflects me in front of you.
Because in town they say
you're a stoolpigeon.

LA BANDERA DE CHILE

La bandera de Chile tiene tres colores.
Todo el mundo lo sabe
y yo también.
Tiene tres colores y una estrella.
Todo el mundo lo sabe
y yo también.

El blanco representa ciertamente
el hambre con careta y sin careta
el hambre disfrazada
y de civil.

Todo el mundo lo sabe
y yo también.

El azul representa la neurosis
reunida minuto tras minuto
y confirmada cada fin de mes
con un asesino sobre azul.

Todo el mundo lo sabe
y yo también.

El rojo se desgasta en oleajes
de sangre, de tortura y de dolor;
el rojo se incendia en amapolas
abiertas con balas de fusil,
el rojo se levanta de las tumbas.

Todo el mundo lo sabe
y yo también.

THE FLAG OF CHILE

Chile's flag has three colors.
Everyone knows it
and so do I.
It has three colors and a star.
Everyone knows it
and so do I.

The white certainly expresses
hunger: with mask, and without,
hunger disguised
and in civvies.

Everyone knows it
and so do I.

The blue represents neurosis
assembled minute by minute
and at the end of each month, confirmed
by an assassin over the blue.

Everyone knows it
and so do I.

The red wears away in waves
of blood, of torture and pain,
the red flames in poppies
opened by gunshots,
the red rises from tombs.

Everyone knows it
and so do I.

'PASAN, PASAN, AMOR, LOS DIAS Y LAS HORAS'

Pasan, pasan, amor, los días y las horas
el cielo azul se vuelve
de cemento y arena
y otra vez es azul
como un jacinto abierto
¿Y tú?
¿Cómo es tu cielo en la profunda celda?
¿Es un recuerdo como una sombra
o todavía puedes
bañar en un trocito
de cielo la mirada?

Yo estoy juntando cielos
como una enajenada
y los guardo celosa
para tí, pobre amado,
ensarto, ensarto, ensarto
pedacitos de cielo
azules, anaranjados
                grises y morados
en un collar que estoy hilando
para cuando
los guardias se dormiten
y te vea
y te coja las manos silenciosas
y te bese los ojos viejos
de dolor y de frío.

'THEY GO BY, GO BY, LOVE, THE DAYS AND THE HOURS'

They go by, go by, love, the days and the hours
the blue sky turns
cement and sand
and
again it's blue
open as a hyacinth.
And you?
How is your
sky in the deep cell?
Is memory shadow-like
or can you still
bathe
your look
in a bit of sky?

I am gathering skies
like a madwoman —
jealously I watch over them
for you, poor love,
I string, string, string
chips of sky
blues, oranges,
                    grays and purples
into a necklace I'm threading
for when
the guards doze off
and I see you I
take your silent hands
and kiss your eyes, old
from pain and from cold

OIGO

En la noche
intensa
acalambrada
una voz
sin mirada
canta.
Siento un aire
como de muchos cuerpos.
Escucho presencias.
Me llegan los alientos.
La boca que canta suavecito
en la noche dura
me recoge los ojos vendados
y rotos
en su ronda amorosa:
viva vertiente de agua amada
libre,
¡libre!
¡¡libre!!

I HEAR

In the night
intense
crampt
a voice
faceless
sings.
I feel the air
of many bodies.
I listen to presences.
Breaths reach out to me.
The mouth singing softly
in the harsh night
gathers my blindfolded
ragged eyes
within its loving song:
living watershed of belovéd waters
                                free
                                free!
                                free!!

'YO SOY UNA MUJER PEQUEÑA'

Yo soy una mujer pequeña
que no puede tomar la horca y ahorcarte
ni empuñar un cuchillo y acuchillarte
ni estrangularte entre mis manos
desalojándote la lengua impura.
¿Cómo voy a cruzar la gruesa línea
de cuatrocientos guardias?
¿Cómo voy a pasar la enredadera
de metralletas y manos crispadas?
¿Cómo voy a llegar hasta tu frente
cubierta de ponzoña sudorosa?
No.
    No puedo.
             No puedo yo sola.
UN MILLION PODRIA.

Pero yo soy una mujer sencilla
que no olvidó los métodos
que no gastó su oído en las monedas
ni perdió su mano en terciopelos.
Yo soy una mujer que tiene
una poesía dura
y esa poesía diaria,
constante,
disciplinada poesía
saldrá de los fusiles de mis lápices
cada día.
Cada hora saldrá,
cada minuto,
como bravíos dardos pequeñitos
a hundirse en tu podrido
sistema pinocheico
tu leproso sistema carcelario
tu tenebroso sistema espionajario.

'I AM A SMALL WOMAN'

I am a small woman
who can't take a gallows and hang you
nor clutch a knife and stab you
nor between my hands strangle you
forcing your filthy tongue out.
How am I to cross the thick line
of four hundred guards?
How am I to pass the twining vine
of machine guns and itchy fingers?
How will I get at your forehead
coated with sweaty venom?
No.
  I can't.
     I can't, not alone.
ONE MILLION COULD.

But I am a simple woman
who didn't forget the ways,
who didn't spend her hearing in coins
nor lost her hand in velvets.
I am a woman who has
a hard poetry
and that poetry
daily:
constant,
disciplined poetry
from the barrels of my pencils, will come out
every day.
Every hour, it will come out,
every minute
like fierce little darts
sinking into your rotten
Pinochet system
your leprous prison system
your murky system of spies.